清·吴敬梓著

儒林外史

八册

黄山書社

儒林外史第三十二回

杜少卿平居豪傑　婁煥文臨居遺言

話說衆人吃酒散了韋四太爺直睡到次日上午纔起來向杜少卿辭別要去說道我還打算到你令叔令兄各家走走昨日擾了世兄這一席酒我心裏快活極了別人家料想也沒這樣有趣我要去了連這臧朋友也不能回拜世兄替我致意他罷杜少卿又留住了一日次日僱了轎夫拿了一隻玉杯和贛州公的兩件衣服

親自送在韋四太爺房裏說道先君拜盟的兄弟只有老伯一位了此後要求老伯常來走走小姪也常到鎮上請老伯安這一個玉杯送老伯帶去吃酒這是先君的兩件衣服送與老伯穿着如看見先君的一般韋四太爺歡喜受了鮑廷璽陪着又吃了一壺酒吃了飯杜少卿拉着鮑廷璽陪着送到城外在轎前作了揖韋四太爺去了兩人回來杜少卿就到婁太爺房裏去問候婁太爺說身子好些要打發他孫子回

去只留着兒子在這裏伏侍杜少卿應了心裏想着没有錢用叫王鬍子來商議道我圩裏那一宗田你替我賣給那人罷了王鬍子道那鄉人他想要便宜少爺要一千五百兩銀子他只出一千三百兩銀子所以小的不敢管杜少卿道就是一千三百兩銀子也罷王鬍子道小的要稟明少爺纔敢去賣的賤了又惹少爺駡小的杜少卿道那個駡你你快些去賣我等着要銀子用王鬍子道小的還有一句話要稟少爺賣了銀子少爺要做兩件正經事若是幾千幾百的白白的給人用這產業賣了也可惜杜少卿道你看見我白把銀子給那個用的你要賺錢罷了說這許多鬼話快些替我去王鬍子道小的稟過就是了出來悄悄向鮑廷璽道好了你的事有指望了而今我到圩里去賣田賣了田回來替你定主意王鬍子就去了幾天賣了一千幾百兩銀子拿稍袋裝了來家稟少爺道他這銀子是九五兌九七色的又是市平比錢

平小二錢三分半他內裏又扣了他那邊中用二十三兩四錢銀子畫字去了二三十兩這都是我們本家要去的而今這銀子在這裏拿天平來請少爺當面兌杜少卿道那個耐煩你算這些疙瘩賬既拿來又兌甚麽收了進去就是了王鬍子道小的也要稟明杜少卿收了這銀子隨卽叫了婁太爺的孫子到書房裏說道你明日要回去他荅應道是老爺叫我回去杜少卿道我這裏有一百兩銀子給你你瞞着不要

向你老爹說你是寡婦母親你拿着銀子回家去做小生意養活着你老爹若是好了你二叔回家去我也送他一百兩銀子婁太爺的孫子歡喜接着把銀子藏在身邊謝了少爺次日辭回家去婁太爺叫只稱三錢銀子與他做盤纏打發去了杜少卿送了回來一個鄉里人在廠廳上站着見他進來跪下就與少爺磕頭杜少卿道你是我們公祠堂裏看祠堂的黃大你來做甚麽黃大道小的住的祠堂旁邊一所屋原

是太老爺買與我的而今年代多房子倒了小的該死把墳山的死樹搬了幾顆回來添補梁柱不想被本家道幾位老爺知道就說小的偷了樹把小的打了一個臭死叫十幾個管家到小的家來搬樹連不倒的房子多拉倒了小的沒處存身如今來求少爺向本家老爺說聲公中弄出些銀子來把這房子收拾收拾賞小的住杜少卿道本家句向那個說你這房子既是我家太老爺買與你的自然該是我修理如今

一總倒了要多少銀子重蓋黃大道要蓋須得百金銀子如今只好修補將就些住也要四五十兩銀子杜少卿道也罷我沒銀子且拿五十兩銀子與你去你用完了再來與你說拿出五十兩銀子遞與黃大黃大接着去了門上拿了兩付帖子走進來稟道臧三爺明日請少爺吃酒這一副帖子說也請鮑師父去坐坐杜少卿道你說拜上三爺我明日必來次日同鮑廷璽到臧家臧蓼齋辦了一桌齊整菜恭恭敬敬奉

坐請酒席間說了些閑話到席將終的時候臧三爺斟了一杯酒高高奉着走過席來作了一個揖把酒遞與杜少卿便跪了下去說道老哥我有一句話奉求杜少卿嚇了一跳慌忙把酒丢在桌上跪下去拉着他說道三哥你瘋了這是怎說臧蓼齋道你吃我這杯酒應允我的話我纔起來杜少卿道我也不知道你說的是甚麼話你起來說鮑廷璽也來帮着拉他起來臧蓼齋道你應允了杜少卿道我有甚麼不應允臧蓼齋道你吃了這杯酒杜少卿道我就吃了這杯酒臧蓼齋道候你乾了姑起來坐下杜少卿道你有甚話說罷臧蓼齋道目今宗師考廬州下一棚就是我們我前日替人管着買了一個秀才宗師有人在這里攬這個事我已把三百兩銀子兌與了他後來他又說出來上面嚴緊秀才不敢賣到是把考等第的開個名字來補了廪罷我就把我的名字開了去今年這廪是我補但是這買秀才的人家要來退這三百

兩銀子我若沒有還他這件事就要破身家性命關係我所以和老哥商議把你前日的田價借三百與我打發了這件我將來漫漫的還你你方纔已是依了杜少卿道呸我當你說甚麼話原來是這個事也要大驚小怪磕頭禮拜的甚麼要緊我明日就把銀子送來與你鮑廷璽拍着手道好爽快好爽快拿大杯來再吃幾杯當下拿大杯來吃酒杜少卿醉了問道臧三哥我且問你你定要這廩生做甚麼臧蓼齋道你

那裏知道廩生一來中的多中了就做官就是不中十幾年貢了朝廷試過就是去做知縣推官穿螺螄結底的靴坐堂灑籤打人像你這樣大老官來打秋風把你關在一間房裏給你一個月豆腐吃蒸死了你杜少卿笑道你這匪類下流無恥極矣鮑廷璽又笑道笑談笑談二位老爺都該罰一杯當夜席散次早叫王鬍子送了這一箱銀子去王鬍子又討了六兩銀子賞錢回來在鮮魚麵店裏吃麵遇着張俊民在那

裏吃叫道鬍子老官你過來請這裏坐王鬍子過來坐下拿上麵來吃張俊民道我有一件事托你王鬍子道甚麽事醫好了婁老爹要謝禮張俊民道不相干婁老爹的病是不得好的了王鬍子道還有多少時候張俊民道大約不過一百天這話也不必講他我有一件事托你王鬍子道你說罷了張俊民道而今宗師將到我家小兒要出來應考怕學裏人說是我冒籍托你家少爺向學裏相公們講講王鬍子搖手道這事其總沒中用我家少爺從不曾替學裏相公講一句話他又不歡喜人家說要出來考你去求他他就勸你不考張俊民道這是怎樣王鬍子道而今倒有個方法等我替你回少爺說說你家的確是冒考不得的但鳳陽府的考棚是我家先太老爺出錢蓋的少爺要送一個人去考誰敢不依這樣激着他他就替你用力連貼錢都是肯的張俊民道鬍子老官這事在你作法便了做成了少不得言身寸王鬍子道我

那個要你謝你的兒子就是我的小姪人家將
來進了學穿戴着簇新的方巾藍衫替我老叔
子多磕幾個頭就是了說罷張俊民還了麵錢
一齊出來王鬍子回家問小子們道少爺在那
裏小子們道少爺在書房裏他一直走進書房
見了杜少卿禀道銀子已是小的送與臧三爺
收了着實感激少爺說又替他免了一場是非
成全了功名其實這樣事別人也不肯做的杜
少卿道這是甚麽要緊的事只管跑了來倒熟

了鬍子道小的還有話禀少爺像臧三爺的廪
是少爺替他補公中看祠堂的房子是少爺盖
眼見得學院不日來考又要尋少爺修理考棚
我家太老爺拿幾千銀子盖了考棚白白便益
衆人少爺就送一個人去考衆人誰敢不依杜
少卿道童生自會去考的要我送怎的王鬍子
道假使小的有兒子少爺送去考也沒有人敢
說杜少卿道這也何消說這學裡秀才未見得
好似奴才王鬍子道後門口張二爺他那兒子

讀書少爺何不叫他考一考杜少卿道他可要
考鬍子道他是個冒籍不敢考杜少卿道你和
他說叫他去考若有廩生多話你就向那廩生
說是我叫他去考的王鬍子道是了應諾了去
這幾日婁太爺的病漸漸有些重起來了杜少
卿道換了醫生來看在家心裏憂愁忽一日臧
三爺走來立着說道你曉得有個新聞縣裏王
公壞了昨晚摘了印新官押着他就要出衙門
縣裏人都說他是個混賬官不肯借房子給他

住在那裏急的要死杜少卿道而今怎樣了臧
蓼齋道他昨晚還賴在衙門裏明日再不出就
要討沒臉面那個借屋與他住只好搬在孤老
院杜少卿道這話果然麽叫小厮叫王鬍子來
向王鬍子道你快到縣前向工房說叫他進去
稟王老爺說王老爺沒有住處請來我家花園
裏住他要房子甚急你去王鬍子連忙去了臧
蓼齋道你從前會也不肯會他今日爲甚麽自
已借房子與他住況且他這事有拖累將來百

姓要鬧他不要把你花園都折了杜少卿道先君有大功德在於鄉里人人知道就是我家藏了強盜也是沒有人家來我家的房子這個老哥放心至于這王公他既知道仰慕我就是一點造化了我前日若去拜他便是奉承本縣知縣而今他官已壞了又沒有房子住我就該照應他他聽見這話一定就來你在我這裏候他來同他談談說着門上人進來稟道張二爺來了只見張俊民走進來跪下磕頭杜少卿道你

又怎的張俊民道就是小兒要考的事蒙少爺的恩典杜少卿道我已說過了張俊民道各位廩生先生聽見少爺吩咐都沒的說只要門下捐一百二十兩銀子修學門下那裏捐的起故此又來求少爺商議杜少卿道只要一百二十兩此外可還再要張俊民道不要了杜少卿道這容易我替你出你就寫一個願捐修學官求入籍的呈子來臧三哥你替他送到學裏去銀子在我這裏來取臧三爺道今日有事明日我

和你去罷張俊民謝過去了正迎着王鬍子飛跑來道王老爺來拜巳到門下轎了杜少卿和臧蓼齋迎了出去那王知縣紗帽便服進來作揖再拜說道久仰先生不得一面今弟在困厄之中蒙先生慨然以尊齋相借令弟感愧無地所以先來謝過再細細請教恰好臧年兄也在此杜少卿道老父臺些小之事不足介意荒齋原是空閑竟請搬過來便了臧蓼齋道門生正要同敝友來候老師不想返勞老師先施王知縣道不敢不敢打恭上轎而去杜少卿留下臧蓼齋取出一百二十兩銀子來遞與他叫他明日去做張家這件事臧蓼齋帶着銀子去了次日王知縣搬進來住又次日張俊民備了一席酒送在杜府請臧三爺同鮑師父陪王鬍子私向鮑廷璽道你的話也該發動了我在這裏算着那話已有個完的意思若再遇個人來求些去你就沒帳子你今晚開口當下客到齊了把席擺到廳旁書房裏四人上席張俊民先捧着

一杯酒謝過了杜少卿又斟酒作揖謝了臧三爺入席坐下席間談這許多事故鮑廷璽道門下在這裏大半年了看見少爺用銀子像淌水連裁縫都是大捧拿了去只有門下是七八個月的養在府裏白渾些酒肉吃吃一個大錢也不見面我想這樣乾蔑片也做不來不如揩揩眼淚别處去哭罷門下明日告辭杜少卿道鮑師父你也不曾向我說過我曉得你甚麼心事你有話說不是鮑廷璽忙斟一杯酒遞過來說

道門下父子兩個都是教戲班子過日不幸父親死了門下消折了本錢不能替父親爭口氣家裏有個老母親又不能養活門下是該死的人除非少爺賞我個本錢纔可以回家養活母親杜少卿道你一個黎園中的人却有思念父親孝敬母親的念這就可敬的狠了我怎麼不帮你鮑廷璽站起來道難得少爺的恩典杜少卿道坐着你要多少銀子鮑廷璽看見王鬍子站在底下把眼望着王鬍子王鬍子走上來道

鮑師父你這銀子要用的多哩連叫班子買行頭怕不要五六百兩少爺這里沒有這好將就弄幾十兩銀子給你過江舞起幾個猴子來你再跳杜少卿道幾十兩銀子不濟事我竟給你一百兩銀子你拿過去教班子用完了你再來和我說話鮑廷璽跪下來謝杜少卿拉住道不然我還要多給你些銀子因我這婁太爺病重要料理他的光景我好打發你回去當晚臧張二人都賛杜少卿的慷慨吃罷散了自此之後

婁太爺的病一日重一日那日杜少卿坐在他跟前婁太爺說道大相公我從前挨着只望病好而今看這光景病是不得好了你要送我回家去杜少卿道我一日不曾盡得老伯的情怎麼說要回家婁太爺道你又獃了我是有子有孫的人一生出門在外今日自然要死在家裏難道說你不留我杜少卿垂淚道這樣話我就不留了老伯的壽器是我備下的如今用不着是不好帶去了另拿幾十兩銀子合具壽器衣

服被褥是做停當的與老伯帶去婁太爺道這棺木衣服我受你的你不要又拿銀子給我家兒子孫子我這在三日內就要回去坐不起來了只好用床擡了去你明日早上到令先尊太老爺神主前祝告說婁太爺告辭回去了我在你家三十年是你令先尊一個知心的朋友令先尊去後大相公如此奉事我我還有甚麼話你的品行文章是當今第一人你生的個小兒子尤其不同將來好好教訓他成個正經人物

但是你不會當家不會相與朋友這家業是斷然保不住的了像你做這樣慷慨仗義的事我心裏喜歡只是也要看來說話的是個甚麼樣人像你這樣做法都是被人騙了去沒人報荅你的雖說施恩不望報却也不可這般賢否不明你相與這臧三爺張俊民都是沒良心的人近來又添一個鮑廷璽他做戲的有甚麼好人你也要照顧他若管家王鬍子就更壞了銀錢也是小事我死之後你父子兩人事事學你令

先尊的德行若好就沒有飯吃也不妨你平生最相好的是你家愼卿相公愼卿雖有才情也不是甚麽厚道人你只學你令先尊將來斷不吃苦你眼裏又沒有官長又沒有本家這本地方也難住南京是個大邦你的才情到那裡去或者還遇着個知已做出些事業來這剩下的家私是靠不住的了大相公你聽信我言我死也瞑目杜少卿流淚道老伯的好話我都知道了忙出來吩咐僱了兩班腳子擡婁太爺

過南京到陶紅鎮又拿出百十兩銀子來付與婁太爺的兒子回去辦後事第三日送婁太爺起身只因這一番有分教京師池館又看俊傑來遊江北江鄉不見英賢豪擧畢竟後事如何且聽下回分解

寫少卿全沒一分計較可爲艱難締造者一哭

儒林外史第三十二回

儒林外史第三十三回

杜少卿夫婦遊山　遲衡山朋友議禮

話說杜少卿自從送了婁太爺回家之後自此就没有人勸他越發放着胆子用銀子前項已完叫王鬍子又去賣了一分田來二千多銀子隨手亂用又將一百銀子把鮑廷璽打發過江去了王知縣事體已清退還了房子告辭回去杜少卿在家又住了半年多銀子用的差不多了思量把自已住的房子併與本家要到南京去住和娘子商議娘子依了人勸着他總不肯聽足足閙了半年房子歸併妥了除還債贖當還落了有千把多銀子和娘子說道我先到南京會過盧家表姪尋定了房子再來接你當下收拾了行李帶着王鬍子同小厮加爵過江王鬍子在路見不是事拐了二十兩銀子走了杜少卿付之一笑只帶了加爵過江到了倉巷裏外祖盧家表姪盧華士出來迎請表叔進去到廳上見禮杜少卿又到樓上拜了外祖外祖母

的神主見了盧華士的母親叫小厮拏出火腿茶葉土儀來送過盧華士請在書房裏擺飯請出一位先生來是華士今年請的業師那先生出來見禮杜少卿讓先生首席坐下杜少卿請問先生貴姓那先生道賤姓遲名均字衡山請問先生貴姓盧華士道這是學生天長杜家表叔遲先生道是少卿先生是海內英豪千秋快士只道聞名不能見面何圖今日邂逅高賢站起來重新見禮杜少卿看那先生細瘦通眉長爪雙眸烱烱知他不是庸流便也一見如故喫過了飯說起要尋房子來住的話遲衡山喜出望外說道先生何不竟尋幾間河房住杜少卿道這也極好我和你借此先去看看秦淮遲先生叫華士在家好好坐着便同少卿步了出來走到狀元境只見書店里貼了多少新封面內有一个寫道歷科程墨持運處州馬純上嘉興蘧駪夫同選杜少卿道這蘧駪夫是南昌蘧太守之孫是我敝世兄既在此我何不進去會會

他便同遲先生進去蘧駪夫出來敘了世誼彼此道了些相慕的話馬純上出來敘禮問先生貴姓蘧駪夫道此乃天長殿元公孫杜少卿先生這位是句容遲衡山先生皆江南名壇領袖小弟輩恨相見之晚喫過了茶遲衡山道少卿兄要尋房停此時不能久談要相別了同走出來只見櫃臺上伏着一个人在那里看詩指着書上道這一首詩就是我的四个人走過來看見他傍邊放着一把白紙詩扇蘧駪夫打開一

看款上寫着蘭江先生蘧駪夫笑道是景蘭江景蘭江抬起頭來看見二人作揖問姓名杜少卿拉着遲衡山道我每且去尋房子再來會這些人當下走過淮秦橋遲衡山路熟找着房牙子一路看了幾處河房多不中意一直看到東水關這年是鄉試年河房最貴這房子每月要八兩銀子的租錢杜少卿道這也罷了先租了住着再買他的南京的風俗是要付一个進房一个押月當下房牙子同房主人跟到倉巷盧

家寫定租約付了十六兩銀子盧家擺酒留遲衡山同杜少卿坐坐到夜深遲衡山也在這里宿了次早才洗臉只聽得一人在門外喊了進來杜少卿先生在那里杜少卿正要出去看那人已走進來說道且不要通姓名且等我猜一猜着定了一會神走上前一把拉着少卿道你便是杜少卿杜少卿笑道我便是杜少卿這位是遲衡山先生這是舍表姪先生你貴姓那人道少卿天下豪士英氣逼人小弟一見喪胆不

似遲先生老成尊重所以我認得不錯小弟便是季葦蕭遲衡山道是定梨園榜的季先生久仰久仰季葦蕭坐下向杜少卿道令兄已是北行了杜少卿驚道幾時去的季葦蕭道纔去了三四日小弟送到龍江關他加了貢進京鄉試去了少卿兄揮金如土爲甚麽躲在家里用不拿來這里我們大家頑頑杜少卿道我如今來了現看定了河房到這里來居住季葦蕭拍手道妙妙我也尋兩間河房同你做鄰居把賤內

也接來同老嫂作伴這買河房的錢就出在你杜少卿道這个自然須臾盧家擺出飯來留季葦蕭同喫喫飯中間談及哄慎卿看道士的這一件事衆人大笑把飯都噴了出來纔喫完了飯便是馬純上蘧駪夫景蘭江來拜會着談了一會送出去才進來又是蕭金鉉諸葛天申季恬逸來拜季葦蕭也出來同坐談了一會季葦蕭同三人一路去了杜少卿寫家書打發人到天長接家眷去了次日淸晨正要回拜季葦蕭

這幾个人又是郭鉄筆同來道士來拜杜少卿迎了進來看見道士的模樣想起昨日的話又忍不住笑道士足恭了一回拿出一卷詩來郭鉄筆也送了兩方圖書杜少卿都收了吃過茶告别去了杜少卿方才出去回拜這些人一連在盧家住了七八天同遲衡山談些禮樂之事甚是相合家眷到了共是四隻船攏了河房杜少卿辭别盧家搬了行李去次日衆人來賀這時三月初旬河房漸好也有簫管之聲杜少卿

備酒請這些人共是四席那日季葦蕭馬純上蘧駪夫季恬逸遲衡山盧華士景蘭江諸葛天申蕭金鉉郭鐵筆來霞士都在席金東崖是河房鄰居拜往過了也請了來本日茶廚先到鮑廷璽打發新教的三元班小戲子來磕頭見了杜少爺杜娘子賞了許多菓子去了隨即房主人家薦了一个賣花堂客叫做姚奶奶來見杜娘子留他坐着到上晝時分客已到齊將河房窻子打開了衆客散坐或憑欄看水或啜茗間

談或據案觀書或箕踞自適各隨其便只見門外一頂轎子鮑廷璽跟着是送了他家王太太來問安王太太下轎進去了姚奶奶看見他就忍笑不住向杜娘子道這是我們南京有名的王太太他怎肯也到這里來王太太見杜娘子着實小心不敢抗禮杜娘子也留他坐下杜少卿進來姚奶奶王太太又叩見了少爺鮑廷璽在河房見了衆客口內打渾說笑鬧了一會席面已齊杜少卿出來奉席坐下吃了半夜酒各

自散訖飽廷璽自已打着燈籠照王太太坐了轎子也回去了又過了幾日娘子因初到南京要到外面去看看景致杜少卿道這个使得當下叫了幾乘轎子約姚奶奶做陪客兩三个家人婆娘都坐了轎子跟着厨子挑了酒席借清凉山一个姚園這姚園是个極大的園子進去一坐籬門籬門內是鵞卵石砌成的路一路朱紅欄杆兩邊緑柳掩映過去三間廳便是他賣酒的所在那日把酒桌子都搬了過廳便是一

路山徑上到山頂便是一个八角亭子席擺在亭子上娘子和姚奶奶一班人上了亭子觀看景致一邊是清凉山高高下下的竹樹一邊是靈隱觀緑樹叢中露出紅墻來十分好看坐了一會杜少卿也坐轎子來了轎裏帶了一隻赤金杯子擺在卓上斟起酒來拏在手內趁着這春光融融和氣習習憑在欄杆上留連痛飲這日杜少卿大醉了竟携着娘子的手出了園門一手拏着金杯大笑着在清凉山岡子上走了

一里多路背後三四个婦女嘻嘻笑笑跟着兩邊看的人目眩神搖不敢仰視杜少卿夫婦兩个上了轎子去了姚奶奶和這幾个婦女採了許多桃花插在轎子上也跟上去了杜少卿回到河房天色已晚只見盧華士還在那里坐着說道北門橋莊表伯聽見表叔來了急于要會明日請表叔在家坐一時不要出門莊表伯來拜杜少卿道紹光先生是我所師事之人我因他不耐同這一班詞客相聚所以前日不曾約

他我正要去看他怎反勞他到來看我賢侄你作速回去打發人致意我明日先到他家去華士應諾去了杜少卿送了出去纔關了門又聽得打的門响小廝開門出去同了一人進來稟道婁大相公來了杜少卿舉眼一看見婁煥文的孫子穿着一身孝哭拜在地說道我家老爺去世了特來報知杜少卿道幾時去世的婁大相公道前月二十六日杜少卿大哭了一塲吩咐連夜製備祭禮次日清晨坐了轎子往陶紅

鎮去了季葦蕭打聽得姚園的事絕早走來訪問知道已往陶紅帳帳而返杜少卿到了陶紅在婁太爺柩前大哭了幾次拏銀子做了幾天佛事超度婁太爺生天婁家把許多親戚請來陪杜少卿一連住了四五日哭了又哭陶紅一鎮上的人人人嘆息說天長杜府厚道又有人說這老人家爲人必定十分好所以杜府纔如此尊重報荅他爲人須像這个老人家方爲不愧杜少卿又拏了幾十兩銀子交與他兒子孫

子買地安葬婁太爺婁家一門男男女女都出來拜謝杜少卿又在柩前慟哭了一塲方纔回來到家娘子向他說道自你去的第二日巡撫一个差官同天長縣的一个門斗拿了一角文書來尋我回他不在家他住在飯店裏日日來問不知爲甚事杜少卿道這又奇了正疑惑間小厮來說道那差官和門斗在河房裏要見杜少卿走出去同那差官見禮坐下差官道了恭喜門斗送上一角文書來那文書是折開過的

杜少卿拿出來看只見上寫道巡撫部院李為舉荐賢才事欽奉聖旨採訪天下儒修本部院訪得天長縣儒學生員杜儀品行端醇文章典雅為此飭知該縣儒學教官即敦請該生即日束裝赴院以便考驗申奏朝廷引見擢用毋違速速杜少卿看了道李大人是先祖的門生原是我的世叔所以薦舉我我怎麼敢當但大人如此厚意我即刻料理起身到轅門去謝留差官喫了酒飯送他幾兩銀子作盤程門斗也給

了他二兩銀子打發先去了在家收拾沒有盤纏把那一隻金杯當了三十兩銀子帶一个小厮上船往安慶去了到了安慶不想李大人因事公出過了幾日纔回來杜少卿投了手本那里開門請進去請到書房里李大人出來杜少卿拜見請過大人的安李大人請他坐下李大人道自老師去世之後我常念諸位世兄久聞世兄才品過人所以朝廷仿古徵辟大典我學生要借光萬勿推辭杜少卿道小侄菲才寡學

大人誤採虛名恐其有玷薦牘李大人道不必太謙我便向府縣取結杜少卿道大人垂愛小侄豈不知但小侄麋鹿之性草野慣了近又多病還求大人另訪李大人道世家子弟怎說得不肯做官我訪的不差是要薦的杜少卿就不敢再說了李大人留着住了一夜拿出許多詩文來請教次日辭別出來他這番盤程帶少了又多住了幾天在轅門上又被人要了多少喜錢去叫了一隻船回南京船錢三兩銀子也欠

着一路又遇了逆風走了四五天纔走到蕪湖到了蕪湖那船真走不動了船家要錢買米煑飯杜少卿叫小厮尋一尋只剩了五个錢杜少卿算計要拿衣服去當心里悶且到岸上去走走見是吉祥寺因在茶桌上坐着吃了一開茶又肚裏餓了喫了三个燒餅到要六个錢還走不出茶館門只見一个道士在面前走過去杜少卿不曾認得清那道士回頭一看忙走近前道杜少爺你怎麼在這里杜少卿笑道原來是

來霞兄你且坐下吃茶來霞士道少老爺你爲甚麼獨自在此杜少卿道你幾時來的來霞士道我自叨擾之後因這蕪湖縣張老父臺寫書子接我來做詩所以在這里我就寓在識舟亭甚有景致可以望江少老爺到我下處去坐坐杜少卿道我也是安慶去看一个朋友回來從這里過阻了風而今和你到尊寓頑頑去來霞士會了茶錢兩人同進識舟亭廟里道士走了出來問那里來的尊客來道士道是天長杜狀元府里杜少老爺道士聽了着實恭敬請坐拜

茶杜少卿看見墻上貼着一个斗方一首識舟亭懷古的詩上寫霞士道兄教正下寫燕里韋闡思玄稿杜少卿道這是滁州烏衣鎮韋四太爺的詩他幾時在這里的道士道韋四太爺現在樓上杜少卿向來霞士道這樣我就同你上樓去便一同上樓來道士先喊道韋四太爺天長杜少老爺來了韋四太爺答應道是那个要走下樓來看杜少卿上來道老伯小侄在此韋

四太爺兩手抹着鬍子哈哈大笑說道我當是誰原來是少卿你怎麼走到這荒江地面來且請坐下待我烹起茶來敘敘濶懷你倒底從那裏來杜少卿就把李大人的話告訴幾句又道小姪這回盤程帶少了今日只剩的五个錢方纔還喫的是來老爺的茶船錢飯錢都無韋四太爺大笑道好好今日大老官畢了但你是个豪傑這樣事何必焦心且在我下處坐着喫酒我因有敎的一个學生住在蕪湖他前日進了學我來賀他他謝了我二十四兩銀子你在我

這里喫了酒看風轉了我拿十兩銀子給你去杜少卿坐下同韋四太爺來霞士三人吃酒直喫到下午看着江里的船在樓窗外過去船上的定風旗漸漸轉動韋四太爺道好了風雲轉了大家靠着窗子看那江裏看了一回太陽落了下去返照照着幾千根桅杆半截通紅杜少卿道天色已晴東北風息了小侄告辭老伯下船去韋四太爺拿出十兩銀子遞與杜少卿同

來霞士送到船上來霞士又托他致意南京的諸位朋友說罷别過兩人上岸去了杜少卿在船歇宿是夜五鼓果然起了微微西南風船家扯起篷來乘着順風只走了半天就到白河口杜少卿付了船錢搬行李上岸坐轎來家娘子接着他就告訴娘子前日路上沒有盤程的這一番笑話娘子聽了也笑次日便到北門橋去拜莊紹光先生那里回說浙江巡撫徐大人請了遊西湖去了還有些日子纔得來家杜少卿

便到倉巷盧家去會遲衡山盧家留着喫飯遲衡山閒話說起而今讀書的朋友只不過講个舉業若會做兩句詩賦就算雅極的了放着經史上禮樂兵農的事全然不問我本朝太祖定了天下大功不差似湯武却全然不曾制作禮樂少卿兄你此番徵辟了去替朝廷做些正經事方不愧我輩所學杜少卿道這徵辟的事小弟已是辭了正爲走出去做不出甚麼事業徒惹高人一笑所以寧可不出去的好遲衡山又

在房裏拿出一个手卷來說道這一件事須是與先生商量杜少卿道甚麽事遲衡山道我們這南京古今第一个賢人是吳泰伯却並不曾有個耑祠那文昌殿關帝廟到處都有小弟意思要約些朋友各捐幾何蓋一所泰伯祠春秋兩仲用古禮古樂致祭借此大家習學禮樂成就出些人才也可以助一助政教但建造這祠須數千金我表了个手卷在此願捐的寫在上面少卿兄你願出多少杜少卿大喜道這是該的接過手卷放開寫道天長杜儀捐銀三百兩遲衡山道也不少了我把歷年做館的修金節省出來也捐二百兩就寫在上面又叫華士你也勉力出五十兩也就寫在卷子上遲衡山捲起收了又坐着閒談只見杜家一个小廝走來稟道天長有个差人在河房裡要見少爺請少爺囘去杜少卿辭了遲衡山囘來只因這一番有分教一時賢士同辭爵祿之縻兩省名流重修禮樂之事不知後事如何且聽下囘分解

杜少卿乃豪蕩自喜之人似乎不與遲衡山同氣味然一見衡山便互相傾倒可知有眞性情者亦不必定在氣味之相投也衡山之迂少卿之狂皆如玉之有瑕美玉以無瑕爲貴而有瑕正見其爲眞玉夫子謂古之民有三疾又以愚魯辟喭目四子可見人不患其有毛病但問其有何如之毛病

識舟亭遇見來霞士又遇見韋思元令觀者耳目爲之一快子美云途窮仗友生人不親

歷此等境界不知此中之苦亦不知此中之趣想作者學太史公讀書遍歷天下名山大川然後具此種胸襟能寫出此種境况也

祭泰伯祠是書中第一个大結束凡作一部大書如匠石之營宮室必先具結構于胸中孰爲廳堂孰爲臥室孰爲書齋灶廄一一布置停當然後可以興工此書之祭泰伯祠是宮室中之廳堂也從開卷歷歷落落寫諸名士寫到虞博士是其結穴處故祭泰伯祠亦

是其結穴處譬如珉山導江至敷淺原是大總滙處以下又迤邐而入于海書中之有泰伯祠猶之乎江漢之有敷淺原也

儒林外史第三十四回

議禮樂名流訪友　備弓旌天子招賢

話說杜少卿別了遲衡山出來問小厮道那差人他說甚麽小厮道他說少爺的文書已經到了李大老爺吩咐縣裏鄧老爺請少爺到京裏去做官鄧老爺現住在承恩寺差人說請少爺在家裏鄧老爺自己上門來請杜少卿道旣如此說我不走前門家去了你快叫一隻船我從河房欄杆上上去當下小厮在下浮橋僱了一

隻凉篷杜少卿坐了來家忙取一件舊衣服一頂舊帽子穿戴起來拿手帕包了頭睡在床上叫小厮你向那差人說我得了暴病請鄧老爺不用來我病好了慢慢來謝鄧老爺小厮打發差人去了娘子笑道朝廷叫你去做官你爲甚麽粧病不去杜少卿道你好獃放着南京這樣好頑的所在留着我在家春天秋天同你出去看花喫酒好不快活爲甚麽要送我到京裏去假使連你也帶往京裏京裏又冷你身子又弱

一陣風吹得凍死了也不好還是不去的妥當
小厮進來說鄧老爺來了坐在河房裏定要會
少爺杜少卿叫兩个小厮攙扶着做个十分有
病的模樣路也走不全出來拜謝知縣拜在地
下就不得起來知縣慌忙扶了起來坐下就道
朝廷大典李大人耑要借光不想先生病得狠
狠至此不知幾時可以勉强就道杜少卿道治
晚不幸大病生死難保這事斷不能了總求老
父臺代我懇辭袖子裡取出一張呈子來遞與

知縣知縣看這般光景不好久坐說到弟且別
了先生恐怕勞神這事弟也只得備文書詳覆
上去看大人意思何如杜少卿道極蒙台愛恕
治晚不能躬送了知縣作別上轎而去隨即備
了文書說杜生委係患病不能就道申詳了李
大人恰好李大人也調了福建巡撫這事就罷
了杜少卿聽見李大人已去心裡歡喜道好了
我做秀才有了這一塲結局將來鄉試也不應
科歲也不考逍遙自在做些自己的事罷杜少

卿因托病辭了知縣在家有許多時不會出來這日鼓樓街薛鄉紳家請酒杜少卿辭了不到遲衡山先到了那日在坐的客是馬純上蘧駪夫季葦蕭都在那里坐定又到了兩位客一个是揚州蕭柏泉名樹滋一个是采石余夔字和聲是兩个少年名士這兩人面如傅粉脣若塗朱舉止風流芳蘭竟體這兩个名士獨有兩个綽號一个叫余美人一个叫蕭姑娘兩位會了衆人作揖坐下薛鄉紳道今日奉邀諸位先生

小坐淮清橋有一个姓錢的朋友我約他來陪諸位頑頑他偏生的今日有事不得到季葦蕭道老伯可是那做正生的錢麻子薛鄉紳道是遲衡山道老先生同士大夫宴會那梨園中人也可以許他一席同坐的麼薛鄉紳道此風也久了弟今日請的有高老先生那高老先生最喜此人談吐所以約他遲衡山道是那位高老先生季葦蕭道是六合的現任翰林院侍讀說着門上人進來稟道高大老爺到了薛鄉紳迎

了出去高老先生紗帽蟒衣進來與衆人作揖首席坐下認得季葦蕭說道季年兄前日枉顧有失迎迓承惠佳作尚不曾捧讀便問這兩位少年先生尊姓余美人蕭姑娘各道了姓名又問馬蘧二人馬純上道書坊里選歷程科墨持運的便是晚生兩个余美人道這位蘧先生是南昌太守公孫先父曾在南昌做府學蘧先生和晚生也是世弟兄問完了纔問到遲先生遲衡山道賤姓遲字衡山季葦蕭道遲先生有制禮

作樂之才乃是南邦名宿高老先生聽罷不言語了喫過了三遍茶換去大衣服請在書房里坐這高老先生雖是一个前輩却全不做身分最好頑耍同衆位說說笑笑並無顧忌纔進書房就問道錢朋友怎麽不見薛鄉紳道他今日回了不得來高老先生道没趣没趣今日滿座欠雅矣薛鄉紳擺上兩席奉席坐下席間談到浙江這許多名士以及西湖上的風景婁氏弟兄兩个許多結交賓客的故事余美人道這些

事我還不愛我只愛駪夫家的雙紅姐說着還
齒頰生香季葦蕭道怪不得你是个美人所以
就愛美人了蕭柏泉道小弟生平最喜修補紗
帽可惜曾編修公不曾會着聽見他那言論丰
采倒底是个正經人若會着我少不得着實請
教他可惜已去世了遲駪夫道我婁家表叔那
番豪舉而今再不可得了季葦蕭道駪兄這是
甚麼話我們天長杜氏弟兄只怕更勝于令表
叔的豪舉遲衡山道兩位中是少卿更好高老

先生道諸位才說的可就是贛州太守的乃郎
遲衡山道正是老先生也相與高老先生道我
們天長六合是接壤之地我怎麼不知道諸公
莫怪學生說這少卿是他杜家第一个敗類他
家祖上幾十代行醫廣積陰德家里也掙了許
多田產到了他家殿元公發達了去雖做了幾
十年官卻不會尋一个錢來家到他父親還有
本事中个進士做一任太守已經是个獃子了
做官的時候全不曉得敬重上司只是一味希

圖着百姓說好又逐日講那些敦孝弟勸農桑的獃話這些話是教養題目文章裡的詞藻他竟拿着當了真惹的上司不喜歡把个官弄掉了他這兒子就更胡說混穿混喫和尚道士工匠花子都拉着相與却不肯相與一个正經人不到十年內把六七萬銀子弄的精光天長縣站不住搬在南京城裡日日攜着乃眷上酒館喫酒手裡拿着一个銅盞子就像討飯的一般不想他家竟出了這樣子弟學生在家裡往常

教子侄們讀書就以他爲戒每人讀書的桌子上寫一紙條貼着上面寫道不可學天長杜儀遲衡山聽罷紅了臉道近日朝廷徵辟他他都不就高老先生冷笑道先生你這話又錯了他果然肚裏通就該中了去又笑道徵辟難道算得正途出身麼蕭柏泉道老先生說的是向泉入道我們後生晚輩都該以老先生之言爲法當下又喫了一會酒話了些閑話席散高老先生坐轎先去了衆位一路走遲衡山道方才高

老先生這些話分明是罵少卿不想倒替少卿添了許多身分衆位先生少卿是自古及今難得的一个奇人馬二先生道方才這些話也有幾句說的是季葦蕭道總不必管他他河房裏有趣我們幾个人明日一齊到他家叫他買酒給我們喫余和聲道我們兩个人也去拜他當下約定了次日杜少卿纔起來坐在河房里鄰居金東崖拿了自己做的一本四書講章來請教擺桌子在河房里看看了十幾條落後金東

崖指着一條問道先生你說這羊棗是甚麼羊棗即羊腎也俗語說只顧羊卵子不顧羊性命所以曾子不喫杜少卿笑道古人解經也有穿鑿的先生這話就太不倫了正說着遲衡山馬純上蘧駪夫蕭柏泉季葦蕭余和聲一齊走了進來作揖坐下杜少卿道小弟許久不曾出門有疏諸位先生的教今何幸羣賢畢至便問二位先生貴姓余蕭二人各道了姓名杜少卿道蘭江怎的不見蘧駪夫道他又在三山街開了

个頭巾店做生意小厮奉出茶來季葦蕭道不是喫茶的事我們今日要酒杜少卿道這个自然且閒談着遲衡山道前日承見賜詩說極其佩服但吾兄說詩大旨可好請教一二蕭柏泉道先生說的可单是擬題馬二先生道想是在永樂大全上說下來的遲衡山道我們且聽少卿說杜少卿道朱文公解經自立一說也是要後人與諸儒叅看而今丢了諸儒只依朱註這是後人固陋與朱子不相干小弟徧覽諸儒之

說也有一二私見請教即如凱風一篇說七子之母想再嫁我心裡不安古人二十而嫁養到第七个兒子又長大了那母親也該有五十多歲那有想嫁之禮所謂不安其室者不過因衣服飲食不稱心在家吵鬧七子所以自認不是這話前人不曾說過遲衡山點頭道有理杜少卿道女曰雞鳴一篇先生們說他怎麼樣好馬二先生道這是鄭風只是說他不淫還有甚麼別的說遲衡山道便是也還不能得其深味杜

少卿道非也但凡士君子橫了一个做官的念頭在心裡便先要驕傲妻子妻子想做夫人想不到手便事事不遂心吵鬧起來你看這夫婦兩个絕無一點心想到功名富貴上去彈琴飲酒知命樂天這便是三代以上修身齊家之君子這个前人也不曾說過蘧駪夫道這一說果然妙了杜少卿道據小弟看來溱洧之詩也只是夫婦同遊並非淫亂季葦蕭道怪道前日老哥同老嫂在桃園大樂這就是你彈琴飲酒采

蘭贈勺的風流了衆人一齊大笑遲衡山道少卿妙論令我聞之如飲醍醐余和聲道那邊醍醐來了衆人看時見是小廝捧出酒來當下擺齊酒餚八位坐下小飲季葦蕭多喫了幾杯醉了說道少卿兄你眞是絕世風流據我說鎮日同一个三十多歲的老嫂子看花飲酒也覺得掃興據你的才名又住在這樣的好地方何不娶一个標致如君又有才情的才子佳人及時行樂杜少卿道葦兄豈不聞晏子云今雖老而

醜我固及見其妓且好也況且娶妾的事小弟覺得最傷天理天下不過是這些人一个人占了幾个婦人天下必有幾个無妻之客小弟爲朝廷立法人生須四十無子方許娶一妾此妾如不生子便遣別嫁是這等樣天下無妻子的人或者也少幾个也是培補元氣之一端蕭柏泉道先生說得好一篇風流經濟遲衡山嘆息道宰相若肯如此用心天下可立致太平當下喫完了酒衆人歡笑一同辭別去了過了幾日

遲衡山獨自走來杜少卿會着遲衡山道那泰伯祠的事已有个規模了將來行的禮樂我草了一个底稿在此來和你商議替我斟酌起來杜少卿接過底稿看了道這事還須尋一个人斟酌遲衡山道你說尋那个杜少卿道莊紹光先生遲衡山道他前日浙江回來了杜少卿道我正要去我和你而今同去看他當下兩人坐了一隻涼篷船到了北門橋上了岸見一所朝南的門面房子遲衡山道這便是他家了兩人

走進大門門上的人進去禀復主人那主人走了出來這人姓莊名尚志字紹光是南京累代的讀書人家這莊紹光十一二歲就會做一篇七千字的賦天下皆聞此時已將及四十歲名滿一時他卻閉戶著書不肯妄交一人這日聽見是這兩个人來方才出來相會只見頭戴方巾身穿寶藍夾紗直裰三綹髭鬚黃白面皮出來恭恭敬敬同二位作揖坐下莊紹光道少卿兄相別數載卻喜卜居秦淮爲三山二水生色

前日又多了皖江這一番纏繞你卻也辭的爽快杜少卿道前番正要來相會恰遇故友之喪只得去了幾時回來時先生已浙江去了莊紹光道衡山兄常在家裡怎麽也不常會遲衡山道小弟爲泰伯祠的事奔走了許多日子今已畧有規模把所訂要行的禮樂送來請教袖裡拿出一个本子來遞了過去莊紹光接過從頭細細看了說道這千秋大事小弟自當贊助效勞但今有一事又要出門幾時多則三月少則

兩月便回那時我們細細考訂遲衡山道又要到那里去莊紹光道就是浙撫徐穆軒先生今陞少宗伯他把賤名荐了奉旨要見只得去走一遭遲衡山道這是不得就回來的莊紹光道先生放心小弟就回來的不得誤了泰伯祠的大祭杜少卿道這祭祀的事少了先生不可尚候早回遲衡山叫將邸抄借出來看小厮取了出來兩人同看上寫道禮部侍郎徐爲薦舉賢才事奉聖旨莊尚志着來京引見欽此兩人看

了說道我們且別候入都之日再來奉送莊紹光道相晤不遠不勞相送說罷出來兩人去了莊紹光晚間置酒與娘子作別娘子道你往常不肯出去今日怎的聞命就行莊紹光道我們與山林隱逸不同既然奉旨召我君臣之禮是傲不得的你但放心我就回來斷不爲老萊子之妻所笑次日應天府的地方官都到門來催道莊紹光悄悄叫了一乘小轎帶了一个小厮脚子挑了一担行李從後門老早就出漢西門

去了莊紹光從水路過了黃河僱了一輛車曉行夜宿一路來到山東地方過兗州府四十里地名叫做辛家驛住了車子喫茶這日天色未晚催着車夫還要趕幾十里地店家說道不瞞老爺說近來咱們地方上响馬甚多凡過往的客人須要遲行早住老爺雖然不比有本錢的客商但是也要小心些莊紹光聽了這話便叫車夫竟住下罷小厮揀了一間房把行李打開鋪在炕上拿茶來喫着只聽得門外騾鈴亂响

來了一起銀銷有百十个牲口內中一个解官武員打扮又有同伴的一个人五尺以上身材六十外歲年紀花白鬍鬚頭戴一頂毡笠子身穿箭衣腰插彈弓一張脚下黃牛皮靴兩人下了牲口拿着鞭子一齊走進店來吩咐店家道我們是四川解餉進京的今日天色將晚住一宿明日早行你們須要小心伺候店家連忙答應那解官督率着脚夫將銀銷搬入店內牲口赶到槽上掛了鞭子同那人進來向莊紹光施

禮坐下莊紹光道尊駕是四川解餉來的此位想是貴友不敢拜問尊姓大名解官道在下姓孫叨任守備之職敝友姓蕭字昊軒成都府人因問莊紹光進京貴幹莊紹光道了姓名并赴召進京的緣故蕭昊軒道久聞南京有位莊紹光先生是當今大名士不想今日無意中相遇極道其傾倒之意莊紹光見蕭昊軒氣宇軒昂不同流俗也就着寔親近因說道國家承平日久近來的地方官辦事件件都是虛應故事像這盜賊橫行全不肯講究一个弭盜安民的良法聽見前路响馬甚多我們須要小心防備蕭昊軒笑道這事先生放心小弟生平有一薄技百步之內用彈子擊物百發百中响馬來時只消小弟一張彈弓叫他來得去不得人人送命一个不留孫解官道先生若不信敝友手段可以當面請教一二莊紹光道急要請教不知可好驚動蕭昊軒道這有何妨正要獻醜送將彈弓拿了走出天井來向腰間錦袋中取出兩个

彈丸拿在手裡莊紹光同孫解官一齊步出天井來看只見他把彈弓舉起向着空濶處先打一丸彈子拋在空中續將一丸彈子打去恰好與那一丸彈子相遇在半空裡打得粉粹莊紹光看了嘖嘆不已連那店主人看了都嚇一跳蕭昊軒收了彈弓進來坐下談了一會各自喫了夜飯住下次早天色未明孫解官便起來催促騾夫脚子搬運銀鞘打發房錢上路莊紹光也起來洗了臉叫小廝拴束行李會了賬一同

前行一羣人衆行了有十多里路那時天色未明曉星猶在只見前面林子裡黑影中有人走動那些趕鞘的騾夫一齊叫道不好了前面有賊把那百十个騾子都趕到道旁坡子下去蕭昊軒聽得疾忙把彈弓拿在手裡孫解官也拔出腰刀拿在馬上只聽得一枝响箭飛了出來响箭過處就有無數騎馬的從林子裡奔出來蕭昊軒大喝一聲扯滿弓一彈子打去不想刮喇一聲那條弓弦迸爲兩段那响馬賊數十人

齊聲打了一个忽哨飛奔前來解官嚇得撥回馬頭便跑那些騾夫脚子一个个爬伏在地儘着响馬賊赶着百十个牲口馱了銀鞘往小路上去了莊紹光坐在車裡半日也說不出話來也不曉得車外邊這半會做的是些甚麽勾當蕭昊軒因弓弦斷了使不得力量撥馬往原路上跑跑到一个小店門口敲開了門店家看見知道是遇了賊因問老爺昨晚住在那个店裡蕭昊軒說了店家道他原是賊頭趙大一路做

線的老爺的弓絃必是他昨晚弄壞了蕭昊軒省悟悔之無及一時人急智生把自己頭髮拔下一綹登時把弓絃續好飛馬回來遇着孫解官說賊人已投向東小路而去了那時天色已明蕭昊軒策馬飛奔來了不多路望見賊衆擁護着銀鞘慌忙的前走他便加鞭趕上手挑彈弓好像暴雨打荷葉的一般打的那些賊人一个个抱頭鼠竄丟了銀鞘如飛的逃命去了他依舊把銀鞘同解官慢慢的趕回大路會着莊

紹光述其備細莊紹光又嗟嘆了一會同走了半天莊紹光行李輕便遂辭了蕭孫二人獨自一輛車子先走走了幾天將到盧溝橋只見對面一个人騎了騾子來遇着車子問車裡這位客官尊姓車夫道姓莊那人跳下騾子說道莫不是南京來的莊徵君麼莊紹光正要下車那人拜倒在地只因這一番有分教朝廷有道修大禮以尊賢儒者愛身遇高官而不受畢竟後事如何且聽下回分解

高侍讀是曾編修一流人物故有曾編修之怪婁氏弟兄郎有高侍讀之怪杜少卿何者物之不同類者每不能相容也然編修之怪婁氏語和尚平侍讀之怪少卿語太激烈矣以少卿較之二婁似少卿之鋒鋩太露故其受怪又加于二婁一等昌黎謂小得意則小怪之大得意則大怪之蓋不獨文章爲然矣

說經一段是眞學問不可作稗官草草讀之

寫莊紹光風流儒雅高出諸人一等筆墨之

高潔難從不知者索解遇响馬一段縱橫出
没極文字之奇觀昔人謂左傳最善敘戰功
此書應是不愧最妙在紹光纔說有司無彈
盜安民之法及乎親身遇盜幾乎魄散魂飛
藏身無地可見書生紙上空談未可認爲經
濟此作者皮裏陽秋眞難從不知者索解也

儒林外史第三十五回

聖天子求賢問道　莊徵君辭爵還家

話說莊徵君看見那人跳下騾子拜在地下慌忙跳下車來跪下扶住那人說道足下是誰我一向不曾認得那人拜罷起來說道前面三里之遙便是一个村店老先生請上了車我也奉陪了回去到店裡談一談莊徵君道最好上了車子那人也趕了騾子一同來到店裏彼此見過了禮坐下那人道我在京師裏算着徵辟的

旨意到南京去這時候該是先生來的日子了所以出了彰儀門遇着騾轎車了一路問來果然問着今幸得接大教莊徵君道先生尊姓大名貴鄉何處那人道小弟姓盧名德字信侯湖廣人氏因小弟立了一个志向要把本朝名人的文集都尋遍了藏在家裡二十年了也尋的不差甚麼的了只是國初四大家只有高靑邱是被了禍的文集人家是沒有只有京師一个人家收着小弟走到京師用重價買到手正要

回家去却聽得朝廷徵辟了先生我想前輩已去之人小弟尚要訪他文集況先生是當代一位名賢豈可當面錯過因在京候了許久一路問的出來莊徵君道小弟堅卧白門原無心于仕途但蒙皇上特恩不得不來一走却喜邂逅中得見先生眞是快事但是我兩人纔得相逢就要分手何以爲情今夜就在這店里權住一宵和你連床談談又談到名人文集上莊徵君向盧信侯道像先生如此讀書好古豈不是個

極講求學問的但國家禁令所在也不可不知避忌青邱文字雖其中並無毀謗朝廷的言語既然太祖惡其爲人且現在又是禁書先生就不看他的著作也罷小弟的愚見讀書一事要由博而返之約總以心得爲主先生如回貴府便道枉駕過舍還有些拙著慢慢的請教盧信侯應允了次早分別盧信侯先到南京等候莊徵君進了彰儀門寓在護國寺徐侍郎卽刻打發家人來候便親自來拜莊徵君會着徐侍郎

道先生途路辛苦莊徵君道山野鄙性不習乘馬之勞兼之蒲柳之姿望秋先零長途不覺委頓所以不曾便來晉謁反勞大人先施徐侍郎道先生速爲料理恐三五日內就要召見這時是嘉靖三十五年十月初一日過了三日徐侍郎將內閣抄出聖旨送來上寫道十月初二日內閣奉上諭朕承祖宗鴻業寤寐求賢以資治道朕聞師臣者王古今通義也今禮部侍郎徐基所荐之莊尚志着于初六日入朝引見以光大典欽此到了初六日五鼓羽林衛士擺列在午門外鹵簿全副設了用的傳臚的儀制各官都在午門外候着只見百十道火把的亮光知道宰相到了午門大開各官從掖門進去過了奉天門進到奉天殿裡面一片天樂之聲隱隱聽見鴻臚寺唱排班淨鞭響了三下內官一隊隊捧出金爐焚了龍涎香宮女們持了宮扇簇擁着天子陞了寶座一个个嵩呼舞蹈莊徵君戴了朝巾穿了公服跟在班末嵩呼舞蹈朝拜

了天子當下樂止朝散那二十四个駝寶瓶的象不牽自走真是花迎劍佩星初落柳拂旌旗露未乾各官散了莊徵君回到下處脫去衣服徜徉了一會只見徐侍郎來拜莊徵君便服出來會着茶罷徐侍郎問道今日皇上陞殿真乃曠典先生要在寓靜坐恐怕不日又要召見過了三日又送了一个抄的上諭來莊尚志着于十一日便殿朝見特賜禁中乘馬欽此到了十一那日徐侍郎送了莊徵君到了午門徐侍郎

別過在朝房候着莊徵君獨自走進午門去只見兩个太監牽着一匹御用的馬請莊徵君上去騎着兩个太監跪着墜鐙候莊徵君坐穩了兩个太監籠着轡繩那扯手都是赭黃顏色慢慢的走過了乾清門到了宣政殿的門外莊徵君下了馬那殿門口又有兩个太監傳旨出來宣莊尚志進殿莊徵君屏息進去天子便服坐在寶座莊徵君上前朝拜了天子道朕在位三十五年幸托天地祖宗海宇昇平邊疆無事只

是百姓未盡溫飽士大夫亦未見能行禮樂這
教養之事何者爲先所以特將先生起自田間
望先生悉心爲朕籌畫不必有所隱諱莊徵君
正要奏對不想頭頂心裏一點疼痛着寔難忍
只得躬身奏道臣蒙皇上清問一時不能條奏
容臣細思再爲啟奏天子道既如此也罷先生
務須爲朕加意只要事事可行宜于古而不戾
于今罷了說罷起駕回宮莊徵君出了勤政殿
太監又籠了馬來一直送出午門徐侍郎接着

同出朝門徐侍郎别過去了莊徵君到了下處
除下頭巾見裏面有一个蝎子莊徵君笑道臧
倉小人原來就是此物看來我道不行了次日
起來焚香盥手自己揲了一个蓍筮得天山遯
莊徵君道是了便把教養的事細細做了十策
又寫了一道懇求恩賜還山的本從通政司送
了進去自此以後九卿六部的官無一个不來
拜望請教莊徵君會的不耐煩只得各衙門去
回拜大學士太保公向徐侍郎道南京來的莊

年兄皇上頗有大用之意老先生何不邀他來學生這裏走走我欲收之門墻以爲桃李侍郎不好唐突把這話婉婉向莊徵君說了莊徵君道世無孔子不當在弟子之列况太保公屢主禮闈翰苑門生不知多少何取晚生這一个野人這就不敢領教了侍郎就把這話回了太保太保不悅又過了幾天天子坐便殿問太保道莊尚志所上的十策朕細看學問淵深這人可用爲輔弼麽太保奏道莊尚志果係出羣之才蒙皇上曠典殊恩朝野胥悅但不由進士出身驟躋卿貳我朝祖宗無此法度且開天下以倖進之心伏候聖裁天子嘆息了一回隨教大學士傳旨莊尚志允令還山賜內帑銀五百兩將南京元武湖賜與莊尚志著書立說鼓吹休明傳出聖旨來莊徵君又到午門謝了恩辭別徐侍郎收拾行李回南滿朝官員都來餞送莊徵君都辭了依舊叫了一輛車出彰儀門來那日天氣寒冷多走了幾里路投不着宿頭只得走

小路到一个人家去借宿那人家住着一間草房里面點着一盞燈一个六七十歲的老人家站在門首莊徵君上前和他作揖道老爹我是行路的錯過了宿頭要借老爹這里住一夜明早拜納房金那老爹道客官你行路的人誰家頂着房子走借住不妨只是我家只得一間屋夫妻兩口住着都有七十多歲不幸今早又把个老妻死了沒錢買棺材現停在屋里客官却在那里住况你又有車子如何拿得進來莊徵

君道不妨我只須一席之地將就過一夜車子叫他在門外罷了那老爹道只等只有同我一床睡莊徵君道也好當下走進屋里見那老婦人屍首直殭殭停着傍邊一張土炕莊徵君鋪下行李叫小廝同車夫睡在車上讓那老爹睡在炕里邊莊徵君在炕外睡下番來覆去睡不着到三更半後只見那死屍漸漸動起來莊徵君諕了一跳定睛細看只見那手也動起來了竟有一个坐起來的意思莊徵君道這人活了

忙去推那老爹推了一會總不得醒莊徵君道
年高人怎的這樣好睡便坐起來看那老爹時
見他口里只有出的氣沒有進的氣已是死了
回頭看那老婦人已站起來了直着腿白瞪着
眼原來不是活是走了屍莊徵君慌了跑出門
來叫起車夫把車攔了門不放他出去莊徵君
獨自在門外徘徊心里懊悔道吉凶悔吝生乎
動我若坐在家裏不出來走這一番今日也不
得受這一塲虛驚又想道生死亦是常事我到

底義禮不深故此害怕定了神坐在車子上一
直等到天色大亮那走的屍也倒了一間屋里
只横着兩个屍首莊徵君感傷道這兩个老人
家就窮苦到這个地步我雖則在此一宿我不
殯葬他誰人殯葬因叫小厮車夫前去尋了一
个市井莊徵君拏幾十兩銀子來買了棺木尋
上僱了些人抬到這里把兩人殮了又尋了一
塊地也是左近人家的莊徵君拿出銀子去買
了看着掩埋了這兩个老人家掩埋已畢莊徵

君買了些牲醴紙錢又做了一篇文莊徵君洒淚祭奠了一市上的人都來羅拜在地下謝莊徵君莊徵君別了臺兒庄叫了一隻馬溜子船船上頗可看書不日來到揚州在鈔關住了一日要換江船回南京次早纔上了江船只見岸上有二十多乘齊整轎子歇在岸上都是兩淮總商來候莊徵君投進帖子來莊徵君因船中窄小先請了十位上船來內中幾位本家也有稱叔公的有稱尊兄的有稱老叔的作揖奉坐

那在坐第二位的就是蕭柏泉衆鹽商都說是皇上要重用台翁台翁不肯做官真乃好品行蕭柏泉道晚生知道老先生的意思老先生抱負大才要從正途出身不屑這徵辟今日回來留待下科掄元皇上既然知道將來鼎甲可望莊徵君笑道徵辟大典怎麼說不屑若說掄元來科一定是長兄小弟堅卧烟霞靜聽好音蕭柏泉道在此還見見院道麼莊徵君道弟歸心甚急就要開船說罷這十位作別上去了又做

兩次會了那十幾位莊徵君甚不耐煩隨即是鹽院來拜鹽道來拜分司來拜揚州府來拜江都縣來拜把莊徵君鬧的急了送了各官上去叫作速開船當晚總商湊齊六百銀子到船上送盤纏那船已是去的遠了趕不着銀子拏了回去莊徵君遇着順風到了燕子磯自己歡喜道我今日復見江上佳麗了叫了一隻凉篷船載了行李一路蕩到漢西門叫人挑着行李步行到家拜了祖先與娘子相見笑道我說多則

三个月少則兩个月便回來今日如何我不說謊麽娘子也笑了當晚備酒洗塵次早起來纔洗了臉小厮進來稟道六合高大老爺來拜莊徵君出去會纔會了回來又是布政司來拜應天府來拜驛道來拜上江二縣來拜本城鄉紳來拜哄莊徵君穿了靴又脫脫了靴又穿莊徵君惱了向娘子道我好沒來由朝廷既把元武湖賜了我我爲甚麽住在這里和這些人纏我們作速搬到湖上去受用當下商議料理和娘

子連夜搬到元武湖去住這湖是極寬闊的地方和西湖也差不多大左邊臺城望見雞鳴寺那湖中菱藕蓮芡每年出幾千石湖內七十二隻打魚船南京滿城每早賣的都是這湖魚湖中間五座大洲四座洲貯了圖籍中間洲上一所大花園賜與莊徵君住有幾十間房子園裏合抱的老樹梅花桃李芭蕉桂菊四時不斷的花又有一園的竹子有數萬竿園內軒窗四啟看着湖光山色真如仙境門口繫了一隻船要

往那邊在湖裏渡了過去若把這船收過那邊飛也飛不過來莊徵君就住在花園一日同娘子憑欄看水笑說道你看這些湖光山色都是我們的了我們日日可以遊玩不像杜少卿要把尊壺帶了清凉山去看花閑着無事又斟酌一樽酒把杜少卿做的詩說叫娘子坐在傍邊念與他聽念到有趣處吃一大杯彼此大笑莊徵君在湖中着寔自在忽一日有人在那邊岸上叫船這裏放船去渡了過來莊徵君迎了出

去那人進來拜見便是盧信侯莊徵君大喜道
途間一別渴想到今今日怎的到這里盧信侯
道昨日在尊府今日我方到這里你原來在這
里做神仙令我羨殺莊徵君道此間與人世絶
遠雖非武陵亦差不多你且在此住些時只怕
再來就要迷路了當下備酒同飲吃到三更時
分小厮走進來慌忙說道中山王府里發了幾
百兵有千把枝火把把七十二隻魚船都拏了
渡過兵來把花園團團圍住莊徵君大驚又有

一个小厮進來道有一位總兵大老爺進廳上
來了莊徵君走了出去那總兵見莊徵君施禮
莊徵君道不知舍下有甚麽事那總兵道與尊
府不相干便附耳低言道因盧信侯家藏高青
邱文集乃是禁書被人告發京里說這人有武
勇所以發兵來拏他今日尾着他在大老爺這
里所以來要這个人不要使他知覺走了莊徵
君道總爺找我罷了我明日叫他自已投監走
了都在我那總兵聽見這話道大老爺說

甚麼說我便告辭莊徵君送他出門總兵號令一聲那些兵一齊渡過河去了盧信侯已聽見這事道我是硬漢難道肯走了帶累先生我明日自投監去莊徵君笑道你只去權坐幾天不到一个月包你出來逍遥自在盧信侯投監去了莊徵君悄悄寫了十幾封書子打發人進京去遍托朝裡大老從部里發出文書來把盧信侯放了反把那出首的人問了罪盧信侯謝了莊徵君又留在花園住下過兩日又有兩个人

在那邊叫渡船渡過湖來莊徵君迎出去是遲衡山杜少卿莊徵君歡喜道有趣正欲清談聞客至邀在湖亭上去坐遲衡山要所訂說泰伯祠的禮樂莊徵君留二位吃了一天的酒將泰伯祠所行的禮樂商訂的端端正正交與遲衡山拏去了轉眼過了年到二月半間遲衡山約同馬純上蘧駪夫季葦蕭蕭金鉉金東崖在杜少卿河房里商議祭泰伯祠之事衆人道却是尋那一位做个主祭遲衡山道這所祭的是个

大聖人須得是个聖賢之徒來主祭方爲不愧如今必須尋這一个人衆人道是那一位遲衡山叠着指頭說出這个人來只因這一番有分教千流萬派同歸黃河之源玉振金聲盡入黃鍾之管畢竟此人是誰且聽下回分解

莊紹光是極有學問的人然却有幾分做作何以知其有學問如向盧信侯所說數語非讀書十年養氣十年必不能領畧至此此等學問書中惟有虞博士庶幾能之若杜少卿

尚見不及此是以莊紹光斷斷推爲書中之第二人何以知其有做作如見徐侍郎居然不以門生禮自處回復大學士其言似傲而實恭正如鴻門宴上樊噲噍讓項羽而羽不怒者以其以盟主推尊之也又如盧信侯被逮紹光作書致京師要人以解釋之此豈湖中高士之所爲余故曰却有幾分做作此作者以龍門妙筆旁見側出以寫之所謂嶺上白雲只自怡悅原不欲索解于天下後世矣

儒林外史第三十六回

常熟縣眞儒降生　泰伯祠名賢主祭

話說應天蘇州府常熟縣有个鄉村叫做麟紱鎮鎮上有二百多人家都是務農爲業只有一位姓虞在成化年間讀書進了學做了三十年的老秀才只在這鎮上教書這鎮離城十五里虞秀才除應考之外從不到城里去走一遭後來直活到八十多歲就去世了他兒子不曾進過學也是教書爲業到了中年尚無子嗣夫婦

兩个到文昌帝君面前去求夢見文昌親手遞一紙條與他上寫着易經一句君子以果行育德當下就有了娠到十个月滿足生下這位虞博士來太翁去謝了文昌就把這新生的兒子取名育德字果行這虞博士三歲上就喪了母親太翁在人家教書就帶在館里六歲上替他開了蒙虞博士長到十歲鎮上有一位姓祁的祁太公包了虞太翁家去教兒子的書賓主甚是相得教了四年虞太翁得病去世了臨危把

虞博士托與祁太公此時虞博士年方十四歲祁太公道虞小相公比人家一切的孩子不同如今先生去世我就請他做先生教兒子的書當下寫了自已祁連的名帖到書房里來拜就帶着九歲的兒子來拜虞博士做先生虞博士自此總在祁家教書常熟是極出人文的地方此時有一位雲晴川先生古文詩詞天下第一虞博士到了十七八歲就隨着他學詩文祁太公道虞相公你是个寒士单學這些詩文無益須

要學兩件尋飯喫吃本事我少年時也知道地理也知道算命也知道選擇我而今都教了你留着以為救急之用虞博士盡心聽受了祁太公又道你還該去買兩本考卷來讀一讀將來出去應考進个學館也好坐些虞博士聽信了祁太公果然買些考卷看了到二十四歲上出去應考就進了學次年二十里外楊家村一个姓楊的包了去教書每年三十兩銀子正月裡到館到十二月仍舊回祁家來過年又過了兩

年祁太公說尊翁在日當初替你定下的黃府上的親事而今也該娶了當時就把當年餘下十幾兩銀子館金又借了明年的十幾兩銀子的館金合起來就娶了親夫婦兩个仍舊借住在祁家滿月之後就去到館又做了兩年積攢了二三十兩銀子的館金在祁家傍邊尋了四間屋搬進去住只僱了一个小小廝虞博士到館去了這小小廝每早到三里路外鎮市上買些柴米油鹽小菜之類回家與娘子度日娘子

生兒育女身子又多病館錢不能買醫藥每日只吃三頓白粥後來身子也漸漸好起來虞博士到三十二歲上這年沒有了館娘子道今年怎樣虞博士道不妨我自從出來坐館每年大約有三十兩銀子假使那年正月裏說定只得二十幾兩我心裡焦不足到了那四五月的時候少不得又添兩个學生或是來看文章有幾兩銀子補足了這个數假使那年正月多講得幾兩銀子我心裡歡喜道好了今年多些偏家

里遇着事情出來把這幾兩銀子用完了可見有个一定不必管他過了些時果然祁太公來說遠村上有一个姓鄭的人家請他去看葬墳虞博士帶了羅盤去用心用意的替他看了地葬過了墳那鄭家謝了他十二兩銀子虞博士叫了一隻小船回來那時正是三月半天氣兩邊岸上有些桃花柳樹又吹着微微的順風虞博士心裡舒暢又走到一个僻靜的所在一船魚鷹在河裡捉魚虞博士伏着船窻子看忽見

那邊岸上一个人跳下河里來虞博士嚇了一跳忙叫船家把那人救了起來救上了船那人淋淋漓漓一身的水幸得天氣尚暖虞博士叫他脫了濕衣叫船家借一件乾衣裳與他換了請進船來坐着問他因甚尋這短見那人道小人就是這裡莊農人家替人家做着幾塊田收些稻都被田主斛的去了父親得病死在家裡竟不能有錢買口棺木我想我這樣人還活在世上做甚麼不如尋个死路虞博士道這是你

的孝心但也不是尋死的事我這里有十二兩銀子也是人送我的不能一總給你我還要留着做幾个月盤纏我而今送你四兩銀子你拿去和隣居親戚們說說自然大家相帮你去殯葬了你父親就罷了當下在行李裡拿出銀子秤了四兩遞與那人那人接着銀子拜謝道恩人尊姓大名虞博士道我姓虞在麟紱村住你作速料理你的事去不必只管講話了那人拜謝去了虞博士回家這年下半年又有了館到冬底生了个兒子因這些事都在祁太公家做的因取名叫做感祁一連又做了五六年的館虞博士四十一歲這年鄉試祁太公來送他說道虞相公你今年想是要高中虞博士道這也怎見得祁太公道你做的事有許多陰德虞博士道老伯那里見得我有甚陰德祁太公道就如你替人葬墳真心實意我又聽見人說你在路上救了那葬父親的人這都是陰德虞博士笑道陰騭就像耳朵裡響只是自已曉得別人

不曉得而今這事老伯已是知道了那里還是陰德祁太公道到底是陰德你今年要中當下來南京鄉試過回家虞博士受了些風寒就病起來放榜那日報錄人到了鎮上祁太公便同了來說道虞相公你中了虞博士病中聽見和娘子商議拿幾件衣服當了托祁太公打發報錄的人過幾日病好了到京去填寫親供回來親友東家都送些賀禮料理去上京會試不曾中進士恰好常熟有一位大老康大人放了山

東巡撫便約了虞博士一同出京住在衙門裏代做些詩文甚是相得衙門裡同事有一位姓尤名滋字資深見虞博士文章品行就願拜為弟子和虞博士一房同住朝夕請教那時正直天子求賢康大人也要想存一个人尤資深道而今朝廷大典門生意思要求康大人薦了老師去虞博士笑道這徵辟之事我也不敢當況大人要荐人但憑大人的主意我們若去求他這就不是品行了尤資深道老師就是不願等

他荐到皇上面前去老師或是見皇上或是不見皇上辭了官爵回來更見得老師的高處虞博士道你這話又說錯了我又求他荐我荐我到皇上面前我又辭了官不做這便求他荐不是真心辭官又不是真心這叫做甚麼說罷哈哈大笑在山東過了兩年多看看又進京會試又不會中就上船回江南來依舊教館又過了三年虞博士五十歲了借了楊家一个姓嚴的管家跟着再進京去會試這科就中了進士殿試在二甲朝廷要將他選做翰林那知這些進士也有五十歲的也有六十歲的履歷上多寫的不是實在年紀只有他寫的是實在年庚五十歲天子看見說道這虞育德年紀老了着他去做一个閑官罷當下就補了南京的國子監博士虞博士歡喜道南京好地方有山有水又和我家鄉相近我此番去把妻兒老小接在一處團圞着強如做个窮翰林當下就去辭別了房師座師和同鄉這幾位大老翰林院侍讀有

位王老先生托道老先生到南京去國子監有
位貴門人姓武名書字正字這人事母至孝極
有才情老先生到彼照顧照顧他虞博士應諾
了收拾行李來南京到任打發門斗到常熟接
家眷此時公子虞感祁已經十八歲了跟隨母
親一同到南京虞博士去叅見了國子監祭酒
李大人回來陞堂坐公座監裡的門生紛紛來
拜見虞博士看見帖子上有一个武書虞博士
出去會着問道那一位是武年兄諱書的只見

人叢裡走出一个矮小人走過來答道門生便
是武書虞博士道在京師久仰年兄克敦行孝
又有大才從新同他見了禮請衆位坐下武書
到老師文章山斗門生輩今日得沾化雨實爲
僥倖虞博士道弟初到此間凡事俱望指教年
兄在監幾年了武書道不瞞老師說門生少孤
奉事母親在鄉下住隻身一人又無弟兄衣服
飲食都是門生自己整理所有先母在日並不
能讀書應考及不幸先母見背一切喪葬大事

都虧了天長杜少卿先生相助門生便隨着少卿學詩虞博士道杜少卿先生向日弟曾在九滋深案頭見過他的詩集果是奇才少卿就在這里麽武書道他現住在利涉橋河房里虞博士道還有一位莊紹光先生天子賜他元武湖的他在湖中住着麽武書道他就住在湖裡他却輕易不會人虞博士道我明日就去求見他武書道門生並不會作八股文章因是後來窮之無奈求个館也沒得做没奈何只得尋兩篇

念念也學做兩篇隨便去考就進了學後來這幾位宗師不知怎的看見門生這个名字就要取做一等第一補了廩門生那文章其實不好屢次考詩賦總是一等第一前次一位宗師合考入學門生又是入學的一等第一所以送進監裡來門生覺得自已時文到底不在行虞博士道我也不耐煩做時文武書道所以門生不拿時文來請教平日考的詩賦還有所作的古文易解以及各樣的雜說寫齊了來請教老師

虞博士道足見年兄才名合人心服若有詩賦古文更好了容日細細捧讀令堂可曾旌表過了麽武書道先母是合例的門生因家寒一切衙門使費無出所以遲至今日門生實是有罪虞博士道這個如何遲得便叫人取了筆硯來説道年兄你便寫起一張呈子節畧來郎傳書辦到面前吩咐道這武相公老太太節孝的事你作速辦妥了以便備文申詳上房使用都是我這里出書辦應諾下去武書叩謝老師衆人

多替武書謝了辭别出去虞博士送了回來次日便往元武湖去拜莊徵君莊徵君不曾會虞博士便到河房去拜杜少卿杜少卿會着説起當初杜府殿元公在常熟過曾收虞博士的祖父爲門生殿元乃少卿曾祖所以少卿稱虞博士爲世叔彼此談了些往事虞博士又説起仰慕莊徵君今日無緣不曾會着杜少卿道他不知道小侄和他説去虞博士告别去了次日杜少卿走到元武湖尋着了莊徵君問道昨日虞

博士來拜先生怎麽不會他莊徵君笑道我因謝絕了這些冠蓋他雖是小官也懶和他相見杜少卿道這人大是不同不但無學博氣尤其無進士氣他襟懷冲淡上而伯夷柳下惠下而陶靖節一流人物你會見他便知莊徵君聽了便去回拜兩人一見如故虞博士愛莊徵君的恬適莊徵君愛虞博士的渾雅兩人結爲性命之交又過了半年虞博士要替公子畢姻這公子所聘就是祁太公的孫女本是虞博士的弟

子後來連爲親家以報祁太公相愛之意祁府送了女兒到署完姻又賠了一个了頭來自此孺人纔得有使女聽用喜事已畢虞博士把這使女就配了姓嚴的管家管家拿進十兩銀子來交使女的身價虞博士道你也要備些床帳衣服這十兩銀子就算我與你的你拿去備辦罷嚴管家磕頭謝了下去轉眼新春二月虞博士去年到任後自己親手栽的一樹紅梅花今已開了幾枝虞博士歡喜叫家人備了一席酒

請了杜少卿來在梅花下坐說道少卿春光已見幾分不知十里江梅如何光景幾時我和你携蹲去探望一回杜少卿道小姪正有此意要約老叔同莊紹光兄作竟日之遊說着又走進兩个人來這兩人就在國子監門口住一个姓儲叫做儲信一个姓伊叫做伊昭是積年相與學博的虞博士見二人走了進來同他見禮讓坐那二人不僭杜少卿的坐坐下擺上酒來吃了兩杯儲信道荒春頭上老師該做个生日收

他幾分禮過春天伊昭道稟明過老師門生就出单去傳虞博士道我生日是八月此時如何做得伊昭道這个不妨二月做了八月可以又做虞博士道豈有此理這就是笑話了二位且請吃酒杜少卿也笑了虞博士道少卿有一句話和你商議前日中山王府裡說他家有个烈女託我作一篇碑文折了个杯緞表禮銀八十兩在此我轉托了你你把這銀子拿去作看花買酒之資杜少卿道這文難道老叔不會作爲

甚轉託我虞博士笑道我那裡如你的才情你拏去做做因在袖裏拿出一个節畧來遞與杜少卿叫家人把那兩封銀子交與杜老爺家人帶去家人拏了銀子出來又禀道湯相公來了虞博士道請到這裡來坐家人把銀子遞與杜家小廝去進去了虞博士道這來的是我一个表侄我到南京的時候把幾間房子托他住着他所以來看看我說着湯相公走了進來作揖坐下說了一會閑話便說道表叔那房子我因

這半年没有錢用是我拆賣了虞博士道怪不得你今年没有生意家裡也要吃用没奈何賣了又老遠的路來告訴我做嗄湯相公道我拆了房子就没處住所以來同表叔商量借些銀子去當幾間屋住虞博士又點頭道是了你賣了就没處住我這里恰好還有三四十兩銀子明日與你拏去典幾間屋住也好湯相公就不言語了杜少卿吃完了酒告别了去那兩人還坐着虞博士進來陪他伊昭問道老師與杜少

卿是甚麽的相與虞博士道他是我們世交是个極有才情的伊昭道門生也不好說南京人都知道他本來是个有錢的人而今弄窮了在南京躲着專好扯謊騙錢他最没有品行虞博士道他有甚麽没品行伊昭道他時常同乃眷上酒館喫酒所以人都笑他虞博士道這正是他風流文雅處俗人怎麽得知儲信道這也罷了到是老師下次有甚麽有錢的詩又不要尋他做他是个不應考的人做出來的東西好也有限恐怕懷了老師的名我們這監里有多少考的起來的朋友老師託他們做又不要錢又好虞博士正色道這到不然他的才名是人人知道的做出來的詩文人無有不服每常人在我這裡託他做詩我還沾他的光就如今日這銀子是一百兩我還留下二十兩給我表侄兩人不言語了辭別出去次早應天府送下一个監生來犯了賭博來討收管門斗和衙役把那監生看守在門房裡進來稟過問老爺將他鎖

在那裡虞博士道你且請他進來那監生姓端是個鄉裡人走進來兩眼垂淚雙膝跪下訴說這些寃枉的事虞博士道我知道了當下把他留在書房裡每日同他一卓吃飯又拿出行李與他睡覺次日到府尹面前替他辦明白了這些寃枉的事將那監生釋放那監生叩謝說道門生雖粉身碎骨也難報老師的恩虞博士道這有甚麽要緊你既然寃枉我原該替你辦白那監生道辦白固然是老師的大恩只是門生

初來收監時心中疑惑不知老師怎樣處置門斗怎樣要錢把門生關到甚麽地方受罪怎想老師把門生待作上客門生不是來收監竟是來享了兩日的福這个恩典叫門生怎麽感激的盡虞博士道你打了這些日子的官事作速回家看看罷不必多講閑話那監生辭别去了又過了幾日門上傳進一副大紅連名全帖上寫道晚生遲均馬靜季萑蘧來旬門生武書余夔世侄杜儀同頓首拜虞博士看了道這是甚

麽緣故慌忙出去會這些人只因這一番有分教先聖祠內共觀大禮之光國子監中同仰斯文之主畢竟這幾个人來做甚麽且聽下回分解

此篇純用正筆直筆不用一旁筆曲筆是以文字無峭拔凌駕處然細想此篇最難措筆虞博士是書中第一人純正無疵如太羹元酒雖有易牙無從施其烹飪之巧故古人云畫鬼易畫人物難

蓋人物乃人所共見不容絲毫假借于其間非如鬼怪可以任意增減也嘗謂太史公一生好奇如程嬰立趙孤諸事不知見自何書極力點綴句句欲活及作夏本紀亦不得不恭恭敬敬將尚書錄入非子長之才長于寫秦漢短于寫三代正是其量體裁衣相題立格有不得不如此者耳